BEI GRIN MACHT SICH IHR WISSEN BEZAHLT

- Wir veröffentlichen Ihre Hausarbeit, Bachelor- und Masterarbeit
- Ihr eigenes eBook und Buch - weltweit in allen wichtigen Shops
- Verdienen Sie an jedem Verkauf

Jetzt bei www.GRIN.com hochladen und kostenlos publizieren

Wie gestaltet sich eine Auswahl von ERP-Systemen bei mittelständischen Unternehmen?

Justin Dierks

Bibliografische Information der Deutschen Nationalbibliothek:

Die Deutsche Nationalbibliothek verzeichnet diese Publikation in der Deutschen Nationalbibliografie; detaillierte bibliografische Daten sind im Internet über http://dnb.d-nb.de abrufbar.

ISBN: 9783346435484
Dieses Buch ist auch als E-Book erhältlich.

© GRIN Publishing GmbH
Nymphenburger Straße 86
80636 München

Alle Rechte vorbehalten

Druck und Bindung: Books on Demand GmbH, Norderstedt Germany
Gedruckt auf säurefreiem Papier aus verantwortungsvollen Quellen

Das vorliegende Werk wurde sorgfältig erarbeitet. Dennoch übernehmen Autoren und Verlag für die Richtigkeit von Angaben, Hinweisen, Links und Ratschlägen sowie eventuelle Druckfehler keine Haftung.

Das Buch bei GRIN: https://www.grin.com/document/1030989

NBS Northern Business School
Grundlagen SAP
Sommersemester 2019

Auswahl von ERP-Systemen:

Wie gestaltet sich eine ERP-Auswahl bei mittelständischen Unternehmen?

Justin Dierks
Abgabedatum: 31.08.2019

Inhaltsverzeichnis

Abkürzungsverzeichnis 2

Abbildungsverzeichnis 3

1. Einleitung 4

   1.1   Hinführung zum Thema und Zielsetzung der Arbeit 4

   1.2   Aufbau der Arbeit 5

2. Theoretische Grundlagen 5

   2.1   Enterprise Resource Planning-Systeme 5

   2.2   Kleine und mittlere Unternehmen 6

3. Strategischer Auswahlprozess eines ERP-Systems 7

   3.1   Anforderungen und Auswahlkriterien von KMU an ERP-Systeme 7

   3.2   Der Auswahlprozess 9

       3.2.1 Organisationsanalyse 9

       3.2.2 Systemauswahl 10

   3.4   Überblick der Vor- und Nachteile von ERP-Systemen 11

4. Schlussbetrachtung 12

   4.1   Fazit 12

   4.2   Ausblick 13

Literaturverzeichnis 14

Abkürzungsverzeichnis

ERP..Enterprise Resource Planning
KMU...…....Kleine und mittlere Unternehmen
IT...…......Informationstechnik

Abbildungsverzeichnis

Abbildung 1: KMU-Definition der Europäischen Kommission..................6

1. Einleitung

1.1 Hinführung zum Thema und Zielsetzung der Arbeit

Wirtschaftliche Themen wie Optimierungs- und Rationalisierungsmaßnahmen gewinnen in Zeiten der Globalisierung stark an Bedeutung. Dies ist auf den steigenden Konkurrenzkampf zwischen mittelständischen Unternehmen zurückzuführen. Begriffe wie Kapazitätsauslastung, Einsparungsmaßnahmen, Kostensenkung oder Gewinnoptimierung können vor allem für kleine und mittlere Unternehmen einen entscheidenden Wettbewerbsvorteil darstellen. Aufgrund des steigenden Bedarfs an Optimierung hat sich die Informationstechnik zu einem der wichtigsten Bestandteile und einem der bedeutendsten Erfolgsfaktoren in Unternehmen entwickelt. Ohne die Nutzung von IT ist es für Unternehmen heutzutage nahezu unmöglich geworden, eine Wertschöpfungskette effizienter zu gestalten und dessen Geschäftsprozesse zu optimieren. Letzteres ist jedoch entscheidend dafür, um zukunfts- und wettbewerbsfähig zu bleiben. Daher sind Unternehmen, welche langfristig im Wettbewerb bestehen möchten, darauf angewiesen, allen Mitarbeitern die richtigen Informationen, am richtigen Ort und zur richtigen Zeit zur Verfügung stellen. Diese Aufgabe ist sehr komplex und kann nur noch mittels geeigneter Informationstechnik bewältigt werden.

Enterprise Resource Planning Systeme sind in diesem Kontext sowohl in Großkonzernen, als auch in kleinen und mittleren Unternehmen weit verbreitet. Die Implementierung der Systeme stellt Unternehmen jedoch vor organisatorische, technische und ökonomische Herausforderungen. Aufgrund dieser individuellen Herausforderungen sind Implementierungsprojekte oft kostenintensiv und von hoher Komplexität geprägt.

Das Ziel der vorliegenden Arbeit ist zu klären, welche Erwartungshaltung kleine und mittlere Unternehmen gegenüber ERP-Systemen haben und herauszustellen, welche Vor- und Nachteile mit solchen Systemen verbunden sind. Des Weiteren wird erläutert, wie ein strategischer Auswahlprozess durchgeführt wird. Zusätzlich sollen Anforderungen und Auswahlkriterien herausgestellt und begriffliche Grundlagen von ERP-Systemen erklärt werden. Das Ziel der Arbeit ist es hingegen nicht, sich mit der Implementierung der ERP-Systeme zu befassen, sondern den Hauptfokus auf den Auswahlprozess, die Anforderungen an ERP-Systeme und die Kriterien zu legen, um eine Auswahlentscheidung zu erleichtern.

1.2 Aufbau der Arbeit

Um die Frage so umfassend wie möglich zu beantworten, ist die vorliegende Arbeit wie folgt aufgebaut. Das voranstehende Kapitel dient zum einen zur Darstellung der Ausgangssituation und zum anderen um die Relevanz der Thematik zu unterstreichen. Zudem wird die allgemeine Zielstellung der Arbeit formuliert. Grundlegend ist die Hausarbeit in zwei Schwerpunkte unterteilt. Hinzu kommen die Einleitung sowie eine Schlussbetrachtung. Für ein besseres Verständnis des Themas werden im ersten Schwerpunkt begriffliche und theoretische Grundlagen erarbeitet. Diese umfassen eine Definition der Begriffe ERP-System sowie eine Abgrenzung von kleinen und mittleren Unternehmen. Um den Leser besser in das Thema einzuführen, wird mit der Definition zu ERP-Systemen auch der Aufbau erklärt. Darüber hinaus werden die Grundlagen zu kleinen und mittleren Unternehmen erläutert. Dabei wird sowohl eine eine qualitative als auch eine quantitative Definition des Begriffs vorgenommen. Im zweiten Schwerpunkt werden zuerst die Anforderungen von ERP-Systemen konkretisiert und anschließend zentrale Auswahlkriterien aufgezeigt. Der Schwerpunkt umfasst zudem den strategischen Auswahlprozess und die Vor- und Nachteile von ERP-Systemen. Im Schlussteil der vorliegenden Arbeit wird ein Fazit gezogen und ein Ausblick auf das Thema in der Zukunft gewährt.

2. Theoretische Grundlagen

2.1 Enterprise Resource Planning-Systeme

Aufgrund ihres abteilungsübergreifenden Charakters, ihrer wirtschaftlichen Bedeutung sowie ihrem komplexen Aufbau nehmen ERP-Systeme eine wichtige Stellung in Unternehmen ein. Ein ERP-System ist eine integrierte Anwendungssoftware, bestehend aus mehreren Komponenten, welche die Administration, Disposition, Information und Analyse aller notwendigen Ressourcen umfasst, um Geschäftsprozesse so effektiv und effizient wie möglich durchzuführen.[1] Standardisierte Systeme bestehen aus einem Paket von integrierten Modulen, einer zentralen Datenbank und einheitlichen Schnittstellen, auf die Benutzer zugreifen können. ERP-Systeme können in Unternehmen vielfältig eingesetzt werden und umfassen folgende Kernfunktionsbereiche: Materialwirtschaft, Vertrieb, Produktion, Controlling, Rechnungswesen, Finanzwesen, Marketing und Personalwesen. Sie charakterisieren sich durch die Integration der verschiedenen Funktionen, Aufgaben und Daten in einem gemeinsamen Informationssystem.

---

[1] Vgl. Gronau (2010, S.28)

Weitere Kernmerkmale sind die zentrale Verarbeitung und Datenhaltung.[2] Daten können in Echtzeit erzeugt und abgerufen werden. Dies führt zu einem abteilungsübergreifenden Informationsaustausch und Unternehmensressourcen können effektiv und effizient verwaltet werden. Eine der größten Herausforderungen ist, dass ERP-Systeme die einzigartigen und individuellen Geschäftsprozesse eines Unternehmens oftmals nicht unterstützen. Systeme lassen sich jedoch, mit entsprechendem Arbeitsaufwand an die betrieblichen Geschäftsprozesse anpassen. Umfangreichere Anpassungsmaßnahmen können die Leistung des Systems jedoch verschlechtern und die Prozessintegration beeinträchtigen. Diese Herausforderungen sind mit zusätzlichem Aufwand und Kosten verbunden. Die Entscheidung, ob Veränderungen am System durchgeführt werden sollen, muss gut überlegt sein und stellt eine schwierige Aufgabe für Unternehmen dar.[3]

2.2 Kleine und mittlere Unternehmen

Für die Bezeichnung *Kleine und mittlere Unternehmen* gibt es keine einheitliche Definition. Der Begriff wird inhaltlich häufig mit der Abkürzung KMU ersetzt. Die Definition von KMU kann sowohl durch quantitative als auch durch qualitative Merkmale unterschieden und abgegrenzt werden. Quantitative Kriterien, die von der Unternehmensgröße abhängen, werden durch die qualitativen Merkmale ergänzt. Diese geben einen tieferen Einblick in das Wesen von kleinen und mittleren Unternehmen und sind schwer zu erfassen. Merkmale quantitativer Natur reichen von der Anzahl der Beschäftigten des Unternehmens, über den Jahresumsatz, das Betriebsergebnis bis hin zum Fremdkapital.[4] Die Kommission der Europäischen Union hat zwischen kleinen und mittleren Unternehmen als Größenkriterien EU-weit die folgenden Obergrenzen festgelegt (s. *Abbildung 1*).

Unternehmenskategorie	Zahl der Mitarbeiter	Umsatz oder	Bilanzsumme
mittelgroß	unter 250	höchstens 50 Mio. €	höchstens 43 Mio. €
klein	unter 50	höchstens 10 Mio. €	höchstens 10 Mio. €
mikro	unter 10	höchstens 2 Mio. €	höchstens 2 Mio. €

Abb. 1: KMU-Definition der Europäischen Kommission[5]

---

[2] Vgl. Davenport (1998, S.122)
[3] Vgl. Nah FF, Lau JL, Kuang J (2001, S.285)
[4] Vgl. Mugler, (1998, S.19)
[5] Vgl. Die Bundesregierung: https://www.foerderinfo.bund.de/de/kmu-definition-der-europaeischen-kommission-972.php

Bei Kleinunternehmen liegt die Mitarbeiterzahl bei <50 Mitarbeitern und der Umsatz und die Bilanzsumme bei <10 Mio. €. Bei mittleren Unternehmen liegt die Mitarbeiterzahl bei <250 Mitarbeitern und der Umsatz bei <50 Mio. € und die Bilanzsumme bei <43 Mio. €. Vorschrift ist hierbei, dass die Anzahl der Mitarbeiter niemals überschritten werden darf, wohingegen bei den beiden Kriterien Umsatz und Bilanzsumme nur ein Kriterium erfüllt sein muss.[6] Des Weiteren ist zu beachten, dass bei der Auswahl eines geeigneten ERP-Systems nicht die Anzahl der Mitarbeiter das entscheidende Kriterium ist. Ausschlaggebend für die Einführung eines ERP-Systems ist die Anzahl der Systemanwender.[7]

Qualitative Faktoren sind im Gegensatz zu quantitativen Faktoren relativ schwer zu erfassen, eignen sich in der Regel jedoch besser, um die besonderen Merkmale von kleinen und mittleren Unternehmen zu beschreiben. Es gibt eine Vielzahl von qualitativen Merkmalen zur Kategorisierung von Unternehmen. So gelten zum Beispiel die Ressourcenausstattung, die Angebotsstruktur, Besonderheiten im Finanzierungsverhalten sowie Komplexität und der Sozialcharakter als qualitative Merkmale von KMU.[8]

3. Strategischer Auswahlprozess eines ERP-Systems

3.1 Anforderungen und Auswahlkriterien von KMU an ERP-Systeme

Die Ansprüche an ein ERP-System sind grundsätzlich abhängig von der Unternehmensgröße. Kleine und mittlere Unternehmen suchen generell nicht nach Lösungen, die jede verfügbare Funktion enthält. Sie wünschen sich ein Produkt, welches zu ihrem Unternehmensmodell passt und sich unproblematisch und effizient in ihr System implementieren lässt. Nach wie vor sind die Funktionalitäten eines ERP-Systems das oberste Kriterium. Waren es allerdings vor mehreren Jahren fast ausnahmslos die Funktionen, die für die Entscheidung maßgeblich waren, hat sich in den letzten Jahren ein Trend entwickelt, der weitere Faktoren in den Entscheidungsprozess mit einbezieht. Es ist nicht immer sinnvoll, eine große Anzahl von Funktionen zur Verfügung zu stellen. Anstelle dessen sollte eine Erweiterung des Funktionsumfangs durch individuelle Module möglich sein. Auf diese Weise kann das System flexibel auf die Anforderungen des KMU angepasst werden und mit dessen Anforderungen wachsen.[9]

---

[6] Vgl. Kleine und mittlere Unternehmen (KMU) https://www.gruenderszene.de/lexikon/begriffe/kleine-und-mittlere-unternehmen-kmu?interstitial%3Finterstitial%3Finterstitial?interstitial_click (Stand:18.06.19 22:06)
[7] Vgl. Mugler, (1998, S. 21)
[8] Vgl. Mugler, (1998, S.23)
[9] Vgl. Siegenthaler, (2005, S.21)

Kleine und mittlere Unternehmen definieren sich zum Beispiel durch den individuellen Wertschöpfungsprozess oder Kundensupport, unabhängig von der Anzahl der Mitarbeiter des Unternehmens. Sie müssen im Gegensatz zu großen Konzernen nur eine geringe Anzahl von Geschäftsprozessen mit ERP-Systemen unterstützen. Die Herausforderung besteht daher darin, zu analysieren, welche Geschäftsprozesse unterstützt und ins System eingebunden werden sollen.[10]

Da KMU ein relativ geringes Budget für den Auswahlprozess und die Implementierung eines ERP-Systems zur Verfügung haben, stellt das optimale Kosten-Nutzen-Verhältnis ein wichtiges Auswahlkriterium dar. Aus diesem Grund bietet die Verwendung von standardisierten ERP-Systemen eine kostengünstige Alternative im Vergleich zu Individualsoftware. Eine individuelle Anpassung und Programmierung ist für ein kleineres Unternehmen nur unter einem hohen Kostenaufwand realisierbar. Unternehmen dieser Größe verfügen nicht über die finanziellen Ressourcen, wodurch geringe Gesamtkosten und kurze Projektlaufzeiten im Vordergrund stehen. Ein weiterer Punkt ist, dass sich die Anforderungen der verschiedenen Branchen stark voneinander unterscheiden und die Einführung von Standardsystemen erschweren. Unternehmen im Dienstleistungssektor benötigen einfachere Lösungen, als produzierende Unternehmen, die sehr komplizierte und komplexe Produktionsabläufe haben.[11] Ein weiterer wichtiger Faktor, für die Auswahl eines ERP-Systems, ist die Bedienbarkeit. Um die Kosten für Schulungen der Mitarbeiter so gering wie möglich zu halten, ist eine intuitive Bedienbarkeit und eine intuitiv gestaltete Benutzeroberfläche von hoher Bedeutung. Dies sorgt für eine steigende Anwenderfreundlichkeit und unter den Mitarbeitern folglich für eine höhere Identifikation mit dem neuen System. Besonders wichtig ist, dass die Aufgaben des Tagesgeschäfts ohne lange Einarbeitungszeit durchgeführt werden können.[12]

Einer der wichtigsten „Soft Facts" heutzutage ist die Serviceorientierung des Softwareanbieters. KMU legen großen Wert auf den persönlichen Kontakt mit dem Hersteller. Da in KMU oftmals keine IT-Abteilung integriert ist und sie somit über wenig IT-Kompetenz verfügen, ist ein geringer Wartungsaufwand und die Nähe zum Anbieter ein großer Wettbewerbsvorteil. Die Herausforderung vor denen die Softwareentwickler stehen, ist es, das ERP-System so zu programmieren, dass zukünftige Updates einfach und schnell in das laufende System eingepflegt werden können.[13]

---

[10] Vgl. Siegenthaler, (2005, S.22)
[11] Vgl. Siegenthaler, (2005, S.8)
[12] Vgl. Mugler, (1998, S. 34)
[13] Vgl. Kriterien zur Auswahl von ERP-Software

Bei diesem Punkt ist zum Beispiel die Unterstützung bei technischen Fragen zu beachten. Diese ist in der Einführungsphase von besonders großer Bedeutung. Für die langfristige Zusammenarbeit zwischen KMU und Systemanbieter ist es notwendig, Neuentwicklungen in das System einfließen zu lassen und eine langfristige Unterstützung durch die Anbieter der ERP-Systeme anzustreben.[14] Außerdem ist für KMU auch die Zukunftssicherheit des Anbieters von entscheidender Bedeutung. Sollte der Hersteller vom Markt verschwinden, ist es für mittelständische Unternehmen praktisch unmöglich, die Software in Eigenregie weiterzuentwickeln.

Im Gegensatz zu KMU setzen größere Mittelständler, Großunternehmen bzw. Konzerne ihre Prioritäten bei der Auswahl etwas anders. Für Anwender von beispielsweise SAP zählt neben der mächtigen Funktionalität der Software, auch die äußerst starke Marktposition des Anbieters, als ein entscheidendes Auswahlkriterium.[15]

3.2 Der Auswahlprozess

3.2.1 Organisationsanalyse

Die Organisationsanalyse beinhaltet die drei zentralen Bereiche Zieldefinition, Projekteinrichtung und Anforderungsdefinition. Dabei ist zu beachten, dass die Optimierung der Prozesse nicht komplett gesondert von der ERP-Auswahl durchgeführt werden kann. Die Optimierung der Prozesse sollte vielmehr parallel zur Systemauswahl laufen.

Der erste wichtige Schritt ist eine konkrete Zieldefinition. Nur eine klare Definition der Projektziele ermöglicht eine erfolgreiche Analyse und Projektsteuerung. Die Ziele sollten zudem notwendige personelle oder organisatorische Veränderungen kommunizieren, welche durch das neu einzuführende ERP-System entstehen. Darüber hinaus gehört zu der Zieldefinition eine klare Formulierung der Aufgabenstellung des Projektes und eine ausführliche Definition der Parameter, wie zum Beispiel die Projektdauer sowie das Projektbudget.[16] Der zweite Schritt ist eine zentrale Projekteinrichtung. Die ERP-Auswahl darf kein Projekt sein, mit dem sich ausschließlich die IT-Abteilung beschäftigt, da ein ERP-System eine Brücke zwischen Unternehmensstrategie, Geschäftsprozessen und IT bildet. Ziel ist dabei, eine hohe Konformität zu erreichen. Um dies zu bewältigen, ist

---

[14] Vgl. Mugler, (1998, S. 35)
[15] Vgl. https://www.it-daily.net/it-management/erp-sap/13690-kriterien-zur-auswahl-von-erp-software-aus-kundensicht (Stand:18.06.19 01:23)
[16] Vgl. Bange/Keller, (2003, S.13)

die Aufstellung eines zielgerichteten Projektteams notwendig.[17] Bei der Anforderungsdefinition muss zwischen unternehmensspezifischen und generellen Anforderungen unterschieden werden. Die generellen Anforderungen basieren hauptsächlich auf der technischen Ebene. Unternehmensspezifische Ansprüche unterscheiden sich stark in Abhängigkeit der Branche und Unternehmensgröße. Die Analyse der Anforderungen muss häufig mehrmals durchgeführt werden, da sich Anforderungen sowohl im Zeitablauf als auch mit der Kenntnis über Möglichkeiten neuer Softwareprodukte ändern können.[18] Nahezu jedes KMU kommt irgendwann in die Situation, sich für eine Individual- oder Standardsoftware (Make or Buy) entscheiden zu müssen. Die Wahl des passenden ERP-Systems spielt, nach der Implementierung, eine entscheidende Rolle für den Unternehmenserfolg. Im Idealfall soll die Lösung möglichst kostengünstig sein und zugleich sämtliche spezifischen Erwartungen verschiedener Abteilungen erfüllen.[19]

3.2.2 Systemauswahl

Auch die Systemauswahl gliedert sich wiederum in drei Bereiche. Dazu zählen Marktanalyse, Vorauswahl und Endauswahl. Ausgehend von den unternehmensspezifischen Anforderungen an das ERP-System wird der ERP-Markt Schritt für Schritt eingegrenzt. Der Auswahlprozess beginnt im engeren Sinne mit der Marktanalyse. Auf Grundlage der Anforderungskriterien wird eine grobe Markteingrenzung verschiedener Anbieter und Lösungen vorgenommen, welche in den darauffolgenden Schritten Vorauswahl und Endauswahl sukzessive verfeinert wird. Die Auswahl der zu betrachtenden Systeme ist oftmals geprägt durch Heuristiken, wie zum Beispiel der bevorzugten Berücksichtigung der Systeme von Mitbewerbern oder von Systemen, mit denen Mitarbeiter bereits Erfahrungen sammeln konnten. Um ein detailliertes Bild der Leistungsfähigkeit eines ERP-Systems zu bekommen, eignen sich strukturierte Anbieterpräsentationen. Ausgangspunkt für die Vorauswahl von ERP-Systemen ist die Marktanalyse. Ziel ist, die Reduktion der für die Auswahl in Frage kommenden Systeme auf drei bis maximal fünf Systeme, welche die vorgegebenen Anforderungen erfüllen.[20] Bei der Endauswahl werden die ERP-Systeme, aus der Vorauswahl, anhand von Testunterlagen, einer intensiven Prüfung und Analyse unterzogen.

---

[17] Vgl. Scherer, (2002, S.44)
[18] Vgl. Bange/Keller, (2003, S.16)
[19] Vgl. Standard- oder Individualsoftware beim ERP-System?
https://www.it-zoom.de/it-mittelstand/e/standard-oder-individualsoftware-beim-erp-system-15364/ (Stand:19.06.19 18:10)
[20] Vgl. Bange/Keller, (2003, S.20)

In der Endauswahl werden die einzelnen Systeme auf ihre Eignung und Besonderheiten überprüft und anschließend eine Entscheidung getroffen. Diese Entscheidung wird schlussendlich dem Management in Form einer Handlungsempfehlung vorgelegt [21]

3.4 Überblick der Vor- und Nachteile von ERP-Systemen

Die Vorteile und zugleich Ziele von ERP-Systemen sind mehr Transparenz, Kosteneinsparungen und eine effektivere Betriebsleistung im Unternehmen. ERP-Systeme sollen den Automatisierungsgrad der Geschäftsprozesse erhöhen und den Daten- und Informationsaustausch einzelner Abteilungen verbinden. Die Datenerfassung und Datenanalyse spart im operativen Geschäft Zeit, da eine mehrfache Erfassung der Daten entfällt. Dies soll die Transparenz der Informationen erhöhen und zugleich zu einer effizienteren Zusammenarbeit der Abteilungen führen. Durch die Funktionsintegration der Systeme in verschiedenen Abteilungen soll außerdem die Zuverlässigkeit erhöht werden, da die Abteilungen, dank der Verwendung der gleichen Funktion, zum selben Ergebnis gelangen. Die Geschäftsprozessintegration in ERP-Systemen dient der Standardisierung und Automatisierung von Prozessen, indem ein Prozess einen anderen auslöst. Die Prozesse können von dem System selbstständig oder teilautomatisiert durchgeführt werden. Damit soll die Produktivität des Unternehmens und der Geschäftsprozesse gesteigert werden. Zusätzlich lassen sich Vorteile wie verkürzte Auftragsdurchlaufzeiten und eine bessere Liefertermintreue ableiten. Ein weiterer Vorteil ist eine höhere Effizenz der Ressourcennutzung, wodurch die Produktivität und Wirtschaftlichkeit des Unternehmens gesteigert wird.[22]

Diesen Vorteilen stehen einige Nachteile gegenüber. Die Einführung eines ERP-Systems ist mit hohen Kosten verbunden und stellt daher ein hohes finanzielles Risiko dar. Ferner ist die Implementation eines ERP-Systems sehr komplex und zeitaufwändig. Eine fehlerhafte Einführungsstrategie kann erhebliche Nachteile mit sich ziehen. Diese äußern sich sowohl in zusätzlichem Aufwand als auch in einer geringeren Effizienz und Effektivität des gesamten Systems. Im schlechtesten Fall treten zum Beispiel längere Durchlaufzeiten auf oder die Flexibilität verringert sich. In der Literatur wird oft empfohlen, die Standardprozesse des ERP-Systems zu übernehmen und das Unternehmen daran anzupassen. Durch dieses Vorgehen können Synergieeffekte genutzt werden und zusätzliche Kosten für die Anpassung des Systems entfallen. Des Weiteren wird angenommen, dass es sich bei den Standardsystemen um „best-practices" handelt und

---

[21] Vgl. Bange/Keller, (2003, S.22)
[22] Vgl. Siegenthaler, (2005, S.47-48)

individuell angepasste Prozesse zu Nachteilen im Wettbewerb führen könnten. Des Weiteren besteht die Gefahr, dass Individualisierungsmaßnahmen die Aktualisierungsfähigkeit der ERP-Systeme beeinflussen, falls Erweiterungen oder Anpassungen implementiert werden müssen. Ein weiterer Nachteil ist, dass es nötig ist, Mitarbeiter entsprechend zu schulen, da ERP-Systeme einen hohen Komplexitätsgrad aufweisen. Diese Komplexität der Geschäftsprozesse kann für ein Fortschreiben von Fehlern sorgen, welche gegebenenfalls korrigiert werden müssen. Dies ist wiederum nur mit entsprechendem Kenntnisstand möglich.[23]

4. Schlussbetrachtung

4.1 Fazit

Wie gestaltet sich nun eine ERP-Auswahl bei mittelständischen Unternehmen? Diese Art von Unternehmen ist auf der Suche nach pragmatischen ERP-Lösungen. Aus diesem Grund muss der Anbieter darstellen können, wie sich sein ERP-System effizient in das Unternehmen integrieren lässt, wo die Kostensenkungspotenziale liegen und wie sich das Projekt schnell und kostengünstig durchführen lässt.

Auf der Unternehmensseite ist eine gewisse Unerfahrenheit im Umgang mit ERP-Projekten zu beobachten. Die übermäßige Kostenorientierung im Mittelstand kann sich bei der Entscheidung auch kontraproduktiv auswirken. Um Kosten zu sparen, sind KMU bestrebt, den Auswahlprozess möglichst „ressourcenschonend" zu gestalten. Folglich werden Projektteams klein gehalten und der ERP-Markt wird sehr oberflächlich sondiert. Dies ist teilweise nachvollziehbar, denn ein ERP-Projekt kann vergleichsweise hohe Investitionen für kleine und mittlere Unternehmen bedeuten. Nur wenige KMU sind sich darüber im Klaren, dass ein strukturierter Auswahlprozess das Risiko für ein Scheitern minimiert und sich dadurch die Kosten des Implementierungsprozesses sowie weitere Kosten stark reduzieren lassen. Mittelständische Unternehmen müssen aufgrund ihrer Größe, im Vergleich zu Konzernen, eine kleinere Anzahl ihrer Prozesse mit ERP-Systemen unterstützen. Der Auswahlprozess muss grundlegende Kernbereiche beinhalten, um eine fundierte Entscheidung treffen zu können. Dazu gehören eine sorgfältige und fundierte Analyse der Geschäftsprozesse. Hinzu kommt die Bildung eines Projektteams. Ein weiterer Schritt, ist das Sammeln von Marktinformationen. Abschließend muss ein strukturierter Auswahlprozess durchgeführt werden. Eine große Herausforderung ist die

---

[23] Vgl. Siegenthaler, (2005, S.49-50)

Definition der eigenen Anforderungen an das ERP-System. Nur jene Unternehmen, die über optimierte Kernprozesse verfügen, erfüllen die Voraussetzung, um ein ERP-Projekt erfolgreich zu gestalten. Die mangelnde Dokumentation der Geschäftsprozesse ist oftmals nicht auf fehlende Ressourcen zurückzuführen, sondern in vielen Fällen ist es schlichtweg das fehlende Wissen über die Bedeutung und den Nutzen einer Geschäftsprozessoptimierung. Schon alleine vor dem Hintergrund der Änderungen und Erweiterungen einzelner Prozesse, als auch der gesamten Prozesskultur, kommt der Definition eine elementare Bedeutung zu. Gerade in KMU scheint es hinsichtlich der Notwendigkeit immer noch am Bewusstsein zu fehlen.

4.2 Ausblick

Mittelständische Unternehmen werden heutzutage und auch in Zukunft durch die hohe Volatilität der Absatzmärkte, steigende Kundenanforderungen und kürzere Produktlebenszyklen sowie die wachsende Komplexität der Produkte und Produktionsprozesse vor enorme Herausforderungen gestellt. Die rasant steigende Wettbewerbsintensität und der wachsende Konkurrenzdruck belasten die Margen von Unternehmen über die verschiedenen Branchen und Länder hinweg. Unternehmen müssen dementsprechende Maßnahmen ergreifen, um ihre Wettbewerbsfähig zu sichern und technologisch nicht den Anschluss zu verlieren. Kunden wünschen sich mehr denn je individuell zugeschnittene Produkte mit höherer Qualität, zum niedrigeren Preis. Diese Kundenbedürfnisse können mittelständische Unternehmen nur meistern, wenn ihre Produktionssysteme an Flexibilität und Effizienz zulegen. Die Investition in ein modernes ERP-System stellt dabei ein beliebtes und vielversprechendes Mittel dar, um die Effizienz eines Unternehmens über alle Wertschöpfungsstufen hinweg, durch die Integration der Daten und Funktionen, zu steigern. Das Auswahlverfahren und die Implementierung eines ERP-Systems ist allerdings eine sehr anspruchsvolle Aufgabe. Hierbei werden eine Vielzahl unterschiedlicher Instanzen über einen langen Zeitraum, zur Lösung von komplexen Projekten, zusammengebracht und viele verschiedene Prozesse des Unternehmens berührt. Des Weiteren stehen mittelständische Unternehmen aufgrund der zunehmenden Digitalisierung der Wirtschaft und Industrie heute am Anfang eines Transformationsprozesses. So wird das Zukunftsprojekt „Industrie 4.0" viele Branchen deutlich verändern und einen großen Einfluss auf den Ablauf von Geschäftsprozessen ausüben. Letztendlich geht die steigende Vernetzung und Digitalisierung der Wirtschaft mit tiefgreifenden Veränderungen einher, die bestehende Prozesse, Geschäftsmodelle und somit auch die Anforderungen an ERP-Systeme beeinflussen.

Literaturverzeichnis

Buchquellen

Bange, C.; Keller, P. Softwareauswahl, Schnelle und sichere Identifikation anforderungsgerechter Standardsoftware

Davenport, T Putting The Enterprise Into The Enterprise System

Gronau, N. Enterprise Resource Planning: Architektur, Funktionen und Management von ERP-Systemen

Heim, W. Die Einführung neuer Softwaresysteme, Erfolgsfaktoren und Hemmnisse

Mugler, J. Betriebswirtschaftslehre der Klein- und Mittelbetriebe

Nah FF, Kuang J Critical Factors For Successful Implementation Of Enterprise Systems. Business Process Management Journal

Scherer, E. Auswahl ist kein Schönheitswettbewerb: Zehn Tipps für die ERP- Evaluation

Siegenthaler, M.; Schmid, C. ERP für KMU

Sontow, C. Funktionen bestimmen ERP-Auswahl

Internetquellen

Die wichtigsten ERP Auswahlkriterien
https://www.software-lotse.com/erp-software/die-wichtigsten-erp-auswahlkriterien
(Stand:19.06.19 15:07)

Kleine und mittlere Unternehmen (KMU)
https://www.gruenderszene.de/lexikon/begriffe/kleine-und-mittlere-unternehmen-kmu?interstitial%3Finterstitial%3Finterstitial?interstitial_click (Stand:18.06.19 22:06)

Kriterien zur Auswahl von ERP-Software
https://www.it-daily.net/it-management/erp-sap/13690-kriterien-zur-auswahl-von-erp-software-aus-kundensicht (Stand:18.06.19 01:23)

Standard- oder Individualsoftware beim ERP-System?
https://www.it-zoom.de/it-mittelstand/e/standard-oder-individualsoftware-beim-erp-system-15364/ (Stand:19.06.19 18:10)

BEI GRIN MACHT SICH IHR WISSEN BEZAHLT

- Wir veröffentlichen Ihre Hausarbeit, Bachelor- und Masterarbeit

- Ihr eigenes eBook und Buch - weltweit in allen wichtigen Shops

- Verdienen Sie an jedem Verkauf

Jetzt bei www.GRIN.com hochladen und kostenlos publizieren